Black Square

Black Square

Selected Poems of

Tadeusz Dąbrowski

TRANSLATED FROM POLISH BY
Antonia Lloyd-Jones

ZEPHYR PRESS
Brookline, MA

Cover art by Katarzyna Terechowicz
typeslowly designed
Printed in Michigan by Cushing-Malloy, Inc.

Translations in this collection have previously appeared in the following
journals: *American Poetry Review, Boston Review, Agni, Poetry Daily, Tin
House, Harvard Review, Crazyhorse, Guernica, International Poetry Review, Arc
Poetry Magazine, Poetry Review, Shearsman, The Reader, Other Poetry, Seam,
iota, Poetry Ireland Review* and *Poetry Wales.*

Zephyr Press acknowledges with gratitude the financial support of the
Massachusetts Cultural Council and the National Endowment for the Arts.

This publication has been funded by the Book Institute—
the ©POLAND Translation Program.

Zephyr Press, a non-profit arts and education 501(c)(3) organization,
publishes literary titles that foster a deeper understanding of cultures and
languages. Zephyr books are distributed to the trade in the U.S. and Canada
by Consortium Book Sales and Distribution [www.cbsd.com] and by Small
Press Distribution [www.spdbooks.org].

Cataloguing-in publication data is available from the Library of Congress.

ZEPHYR PRESS
50 Kenwood Street
Brookline, MA 02446
www.zephyrpress.org

Table of Contents

Black Square

Enfant Terrible

by Tomasz Różycki

Tadeusz Dąbrowski's poetry is a child of its times, born of the two prevailing trends in recent Polish poetry, of two wonderful parents, who are nevertheless very different, often antagonistic, and occasionally at war. It is no accident that I use the word "child," and I will try to justify this risky comparison. The first of these parents is a rebellious and highly ironic poetry that, having developed in the counterculture of the 1990s and in dialogue with pop culture, manifested itself in publications of the so-called "*bruLion* generation," a group with connections to American models from the 1940s and 1950s, to O'Hara and Schuyler, or even earlier, to Cummings. This trend, represented primarily, if with some resistance, by the work of Marcin Świetlicki, excited and influenced dozens of younger poets who were looking for a path of their own, for a nonconformist voice and robust diction grounded in colloquial language. It is no accident that Świetlicki sings his poems in a rock band; the youthful defiance of rock music and its bards are often a more important point of reference for this poetry than the entire Polish literary tradition, which is often—by contrast with the patron saints from New York—programmatically disparaged or ignored.

The other parent to Dąbrowski's poetry is the so-called "Polish School," a trend that is defined by what is strongest and most unique in Polish poetry—the individual testimony to our times. This is a poetry that is conscious of its inextricability from history and culture and that takes up difficult existential themes, presenting the individual with often painful moral choices—from a perspective that, while not necessarily religious, and sometimes even nihilistic, is metaphysical. I do not mean only Herbert, Miłosz, Szymborska, and Zagajewski (who are nonetheless all quite different from each other), but Ryszard Krynicki as well, and especially Tadeusz Różewicz, whom Dąbrowski often cites as an influence. To very much simplify matters, one might say that a poet who represents this trend writes about universal values; he or she is in dialogue with them, argues about them, whether this involves acceptance or rejection of them. One way or another they are present in his work.

As much as Dąbrowski has inherited from his first parent, the rebellious and "barbaric" one, a linguistic innovativeness, a seeming nonchalance toward form and subject matter, ongoing references to the banality of contemporary reality, the vocabulary of the internet, an iconoclastic realism, and an insouciance toward high culture in tandem with an equally emphatic presence of pop culture in his poems—he is nevertheless no less the heir to the fundamental quality of his other parent: a perspective that is metaphysical, ethical, and often religious.

Unlike Różewicz, whose poetry has moments that are expressly nihilistic, Dąbrowski does write about God. He does not reject religion, but his relation to it is not an easy one; it is that of the prodigal son, of someone who has left and returned, has sinned and is mending his ways, who is always candid, always himself—a child of our times. This is a special feature of Dąbrowski's poetry: from the very start, its subject is a child-subject, ostensibly immature; this is the perspective his poetry assumes, this is its strategy—as if it had a third parent, too: Gombrowicz.

Dąbrowski's first books showed us the world from the eyes of a child, and then of a teenager. His relations with his own parents serve as the axis of these early poems, which playfully negotiate differences between high and low, between the adult world of parents (and of adults more generally) and the immature world of a child. God often stands between these two poles; he is in the middle. The effect of a poem constructed in this way is very close to being childish; and this problem becomes urgent, like a question posed not to children, but to adults who are helpless to find an answer. "Domestic" themes, quarrels over dinner, conversations with friends, confessions of love, and erotic adventures provide occasions for asking questions, for constructing existential and philosophical speculations, which are ostentatiously immature and provocatively flawed. Dąbrowski brandishes paradox and syllogism like favorite weapons.

Such a "naive" outlook often lends Dąbrowski's poems a unique charm and considerable force, it disarms biases, and allows for a certain distance. Sometimes he is provocative; he hams it up, jokes around, so that what he is planning to say will not sound too heavy. This defiant child, this talented "enfant terrible," so disarming with his youthful zeal, comes across in his poems as a bit of a narcissist, egotistical and insatiable, anxious and insistent, irritating and unpleasant. But then, a moment later, his tone changes, and we find this Gombrowiczean "youth" putting important questions to the world and to us, questions that almost none of his peers—or even of the older, more mature poets—has dared to ask.

Dąbrowski, as has already been observed, is a poet of the erotic, a master of the love poem of our times. His hero, like a latter-day Julien Sorel thrown into the world of the internet, television, and pornography, unburdens his weaknesses, temptations, and ambitions. This love story is a long one, refracted in flashes of particular lines, and it meanders entirely like a psychological novel from the good old days.

It is hard to define Dąbrowski's poetry with utter certainty, to say whether its subject has or has not reconciled himself with God—whose authority is never put in question—or what his moral choices are. This is a poetry that complicates matters, that refuses to provide answers, that constructs small treatises in completely unpredictable places—an existence *en brut*, always becoming, always variable and resistant to definition. This is a poetry that smelts its inheritance into something new, modern, and original, something dynamic, paradoxical, constantly in motion, a poetry that is engaged with today's world in so many of its manifestations, leaping from theme to theme—art, travel, sex, love (presented in all its succulence, no doubt, and with complete candor, as if this most fragile of human affairs was the only constant in life), computers, camera lenses, Europe, America, quotations from philosophers, and rock lyrics—in its ambitious gambit to comprehend a world that remains elusive and undescribed.

Translated from Polish by W. Martin

Te Deum

Fragmenty dyskursu miłosnego

Nakryłem ją, gdy przeglądała pismo
pornograficzne. Wskazując palcem na zdjęcie
nagiego mężczyzny, zapytałem: *Co to?*

Ceci n'est pas une pipe – odpowiedziała,
biorąc mnie w nawias swoich nóg. A dziś
wróciłem wcześniej z pracy i w korytarzu

wpadłem na nagiego mężczyznę, zapytałem:
Co to? – wskazując na niego, a raczej na jego
męskość ze świeżym śladem szminki. *To jest*

fajka – usłyszałem odpowiedź kobiety, z którą
wciąż sypiam, bo nie potrafię udowodnić jej
zdrady.

A lover's discourse: fragments

I caught her in the act of looking through
a porn mag. Pointing at a picture
of a naked man, I asked her: *What is that?*

Ceci n'est pas une pipe – she answered me,
taking me into the bracket of her legs. And today
I came home early from work and in the passage

I bumped into a naked man, and asked:
What is that? – pointing at him, or rather at his
manhood freshly smeared in lipstick. *That is a*

pipe – I heard the answer from the woman, with whom
I'm still sleeping, because I cannot prove her
infidelity.

Czworobok

Przychodzi prędki poranek na cię,
o obywatelu ziemi!

Ez 7, 7

Samochody spływają jak krople po sznurku szosy,
potem znienacka wsiąkają w osiedla i podwórza,
żelbetonowe ogrody hipermarketów. Woda

niczego nie obmywa, natrętnie bębni w skroń, szuka
pionu; kropla pyta kroplę o drogę.
Odwracam się na drugi bok, tu nagie drzewa

prężą się, jakby chciały młodymi gałęziami
podeprzeć nośną ścianę nieba, na której robaki
niebanalnie udają ptaki i zaciek równie

ciekawie się rozlewa w jakiś sztuczny kwiat.
Wstaję, budzę się, włączam telewizor; świat
wraca do początku.

The fourfold

Doom has come to you,
you who dwell in the land.
Ezekiel 7:7

Automobiles flow like droplets down the string of the highway,
then suddenly they're absorbed into subdivisions and courtyards,
the reinforced concrete gardens of hypermarkets. Water

doesn't wash anything clean, it insistently drums on the brow, seeking
the plumb-line; droplet asking droplet the way.
I turn onto my other side, here naked trees

flex themselves, as if trying to make their young branches
prop up the sky's support wall, on which weevils
are skillfully mimicking seagulls and a damp mark is just as

remarkably spreading to form an artificial rose.
I get up, wake up, switch on the TV; the world goes
back to the beginning.

* * *

Ile już razy w życiu umarłem – trudno powiedzieć,
bo umierałem na pewno. Dzisiaj otarłem się o
tramwaj i zobaczyłem swoją śmierć; zwłoki leżą
na skraju torowiska, a ja idę dalej

lipową aleją. Albo dziewięć lat temu,
gdy wjechałem rowerem pod koła księżowskiego
peugeota, rozbijając szybę potylicą –
czy nie mogłem wówczas zginąć? A siedmioletni

chłopiec, spacerujący po krawędzi dachu,
ocalony dzięki zbawiennemu skurczowi
prawej łydki, czyż nie zostawił w dole własnego
trupa? Dziesiątki takich śmierci pamiętam,

ile z nich mogłem przeoczyć? Prawdopodobne,
że od lat się unoszę w coraz wyższe rejony
nieba. Ale dopiero od niedawna nachodzi
mnie lęk, że umieranie kiedyś się skończy. Bo skąd

mam wiedzieć, czy nagła ciemność – teraz, gdy
wstaję po upadku, próbując otrzepać się z brudu,
ciemność, w której drzewa rosną korzeniami
do góry – jest piekłem, czy niebem w późne grudniowe

popołudnie?

* * *

How many times in life have I died already – it's hard to say,
because I'm sure I have died. Today I had a brush with
a tram and saw my own death; there's my body lying
on the edge of the tramlines as I go on walking

down the avenue of limes. Or nine years ago,
when I rode my bike under the wheels of the priest's
Peugeot, smashing the windshield with my cranium –
couldn't I have been killed that time? And the seven-year-old

boy who walked along the ridge of the roof,
saved by a salutary spasm
in his right calf, didn't he leave his own corpse
down below? I remember dozens of these deaths,

how many could I have missed? Probably
for years I've been rising into ever higher spheres
of heaven. But only lately has the fear
been nagging me that one day the dying will end. For how

am I to know if the sudden darkness – now, as
I get up after a fall and try to brush off the dirt,
the darkness in which the trees grow roots
upwards – is hell or heaven on a late December

afternoon?

Wieczorek

– Pisze pan raczej dniem czy nocą? – I dniem, i nocą,
miła pani. O świcie, gdy kończę pijacką wędrówkę
w poszukiwaniu ciał, zauważam, jak noc
wlewa się we mnie wirującą strugą

atramentu. Potem przesypiam słońce, a po
południu zaczynam spisywać przygody nocnego
bohatera. To smutne wiersze, i sztuczne, mimo że
prawdziwe. Nikt ich nie widział, bo nie wolno

pisać przeciwko ludzkiej naturze, tak
jednocześnie pisząc i kreśląc, zamazuję
dzień i ponownie robi się noc. Najpiękniejsze
wiersze powstają we śnie – białe z rymami,

wyciskane wypisanym piórem w czystym czystym
zeszycie. Tych wierszy bezwiednie szukam nocami.
Wyjdź mi naprzeciw, zanim zapomnę, po co wyszedłem.

Soirée

– Do you write by day or by night? – By day and by night,
my dear lady. At daybreak, as I end my drunken ramble
searching after bodies, I notice as the night
comes pouring into me in a swirling stream

of ink. Then I sleep through the sunlight, but after
midday I start to write down the nocturnal hero's
adventures. They're sad poems, and artificial, in spite of
being true. No one has seen them, for you cannot

write against the grain of human nature, and so
writing and deleting all at once I efface
the day and once again it is night. All the loveliest
poems come alive in sleep – white ones with rhymes,

ingrained with a drained pen on a clean, plain
notepad. These poems I instinctively seek at night time.
Come out to meet me before I forget what I came out for.

Przesunięcie ku czerwieni

Wszechświat się rozszerza i coraz dalej nam do
siebie, coraz więcej kosztują nas przejazdy
środkami komunikacji miejskiej oraz rozmowy
telefoniczne. Ciała rozszerzają się w swoich
potrzebach, monotonnych jak ruch planet i krwi.

Czasami, gdy cię długo nie widzę, wydaje mi się,
że to ja jestem wszechświat, a ty jesteś wszystkim,
do czego jeszcze nie dotarł.

Redshift

The universe keeps expanding and we're further and further
apart, it costs more and more for us to travel
by means of urban transport and to talk
on the phone. Our bodies keep expanding in their
needs, monotonous as the motion of planets and blood.

Sometimes, when I don't see you for ages, it feels like
it's me that's the universe, and you are everything
it has not yet reached.

id

Ten, pomagający mamie nieść zakupy,
i ten, który siedzi przed blokiem i sączy browar.

Ten, mówiący rodzicom *dobranoc* pocałunkiem,
i ten, kochany za stypendium naukowe
przez fantastyczną mulatkę z agencji towarzyskiej.

Ten katolik, co marzy podczas podniesienia,
by podnieść sukienkę klęczącej przed nim mężatce.

Ten, odwiedzający pornograficzne witryny,
i ten, posyłający do sieciowego nieba
kilka do bólu otwartych koleżanek ze studiów.

Gdyby na siebie wpadli w sklepie, kinie lub windzie,
przestraszyliby się śmiertelnie. Na szczęście świat

jest na to o wiele za mały, a z każdą godziną,
minutą, sekundą podobno jeszcze bardziej się
zmniejsza.

id

The one helping mom to carry the shopping,
and the one who sits outside and sips a beer.

The one saying *goodnight* to his parents with a kiss,
and the one who's loved for an academic grant
by a fantastic half-caste girl from an escort agency.

The Catholic who dreams during the Elevation
of elevating the dress of the married woman kneeling in front of him.

The one who visits pornographic websites,
and the one who sends to internet heaven
some painfully open girlfriends from college.

Were they to run into themselves in a lift, a store, or a cinema,
they'd be scared to death. Luckily the world

is far too small for that, and with every hour,
minute, second it is probably getting even
smaller.

Łąka

Igła skrzypu opada co i rusz na starą
płytę słońca z dźwiękami natury: szum wiatru, plusk
wody plus świergot ptaków. Wycieraczki

trzcin regularnie rozmazują horyzont.
Ryby w przypływie energii pikują w niebo,
by wstępnie się rozeznać, dokąd pójdą (popłyną)

po śmierci. Zlepione ważki przedrzeźniają
nasze zabawne ruchy i oblatują cały
staw z tym przedstawieniem, wzbudzając gromki rechot.

Burza wyładowuje się na nas i poza strachem
nic nas już nie łączy, gdy uciekamy z łąki,
by nieopodal niepotrzebnie zginąć

pod kołami nocy.

The meadow

Now and then a horsetail needle lands on the sun's old
disc of nature sounds: the whisper of the wind, the splash
of water and the twitter of birds. Windshield wiper

reeds regularly smear the horizon.
In a surge of energy fishes dive into the sky,
then instantly know where they're going (swimming)

after death. Conjoined dragonflies mimic
our comical movements and fly right round
the pond with this performance, raising a thunderous cackle.

The storm discharges itself on us, and apart from fear
nothing now unites us as we run from the meadow,
to perish needlessly nearby

under the wheels of the night.

* * *

Przeniosłem cię niechcący na rękach z klubu go-
-go wprost do mojego łóżka i dokładnie
wtarłem w pościel więc teraz ilekroć budzę się
zasypiam albo śnię staje mi niezawodnie

przed oczami pastelowy obraz roztrzęsionych
piersi i za każdym razem czuję rozkoszny
ból jakbym miał w nosie sumienie. Postanowiłem
z tym skończyć i spryskałem pościel perfumami

mojej mamy; rozpacz ogarnęła mnie gdy
okazało się że to ten sam zapach (coś
jak jabłuszko). Od tamtej pory leżąc w łóżku
czuję się jednocześnie i dobry i zły.

* * *

I carried you unintentionally in my arms from a go-
go club straight into my bed and thoroughly
rubbed you into the bedclothes so now hardly do I awake
fall asleep or dream than without fail

before my eyes stands a pastel image of quivering
breasts and every single time I feel a delicious
pain as if I don't give a sniff about conscience. I decided
to be done with it and sprayed the bedclothes with a perfume

that's my mother's; despair came over me when
it turned out to be the very same scent (something
like apple). Ever since, when lying in bed
I feel at the same time both good and bad.

* * *

Jest odpust i parafia obchodzi samą siebie,
spuszcza się po różańcu w sam środek blokowiska.
Blokowisko chcąc nie chcąc dodaje otuchy,
podając słowa dalej, mnożąc tajemnice.

Ci, których z nami nie ma, gaszą światła i
wychodzą na balkony (może to przez z nich to
echo), młodzi wchodzą do kapsuł swoich aut,
udają, że nie patrzą, dają się opływać.

Poprzedniej nocy prowadziły mnie
neony sklepów, teraz światło świec
nas prowadzi, trzymamy się go
i ono się nas trzyma, a kiedy gaśnie, bo

ksiądz je zagaduje, zostaje zapach, co nie
pozwala się zgubić. Ten zapach to dla mnie
poezja.

* * *

It's the church fête and the parish is celebrating itself,
lowering itself on a rosary into the midst of the tower blocks.
Like it or not, the estate is giving encouragement,
giving the words that follow, multiplying the mysteries.

Those who are not with us switch off the lights and
come onto their balconies (maybe they are the source of
that echo), young guys get into the capsules of their cars,
pretend they're not looking, surrender to the flow.

The previous night I was guided by
neon store signs, now the light of candles
guides us, we're holding onto it
and it is holding onto us, and when it goes out, for

the priest outtalks it, it leaves an odor that won't
let itself get lost. For me this odor is
poetry.

wierzę przez całą dobę

nie wierzę
nie wierzę od przebudzenia
do zaśnięcia
            Tadeusz Różewicz

Byłem pijany, gdy pijany Pluszka
zapytał, co każe mi wierzyć w Boga.
Pluszka powiedział, że nie wierzy
w cokolwiek wyższego od niego.

Zaprawdę chciałem zasypać
Pluszkę milionem błyskotliwych
dowodów na istnienie Boga,
ale do głowy przyszło mi

to: *Pluszka, wierzysz albo nie.*
Potem zasnąłem. Przyśnił mi się wiersz.
Wiersz składał się dokładnie
z powyższego dialogu

i puenty, w której było wszystko.
Pomyślałem przez sen,
że spiszę wszystko rano. Lecz
rano zapomniałem. Zapomniałem tego

ostatniego wersu, w który wierzę,
że JEST.

i believe all round the clock

I don't believe
I don't believe from waking up
to falling asleep
                    Tadeusz Różewicz

I was drunk when the drunken Pluszka
asked what makes me believe in God.
Pluszka said he doesn't believe
in anything higher than himself.

I really wanted to shower
Pluszka in a million sparkling
proofs that God exists,
but all that came into my head was

this: *Pluszka, either you believe or you don't.*
Then I fell asleep. I dreamed of a poem.
The poem consisted exactly
of the dialogue quoted above

and the clincher, which said it all.
In my sleep I thought
I'd write it all down in the morning. But
in the morning I'd forgotten. I'd forgotten that

final verse, which I do believe
EXISTS.

Druga część prawdy

Babcia prowadzi sklepik z dewocjonaliami i
wczoraj, całkiem za nic, dała mi świętego
Franciszka, wiedząc dobrze, że mam Jezuska i
błogosławioną siostrę Faustynę z tej samej serii.

Dzisiaj rano był święty Jerzy, ale już poszedł,
powinien przyjść zaraz po niedzieli znowu
(zresztą nie tylko on . . .) – tak mówi babcia do
ludzi, a ludzie często słuchają ją i szanują.

Koło piątku przychodzi niebo, piekła już
nie przywożą (za długo stoi), lecz ja mam
w domu piekło i niebo, i świętych. I gdy

się nudzę albo smucę, ustawiam naprzeciw
siebie niebo i piekło. Do nieba wstawiam tych
od babci. Do piekła: świnkę, sapera i nurka.

The other part of the truth

Grandma runs a shop selling religious souvenirs and
yesterday, for nothing at all, she gave me a Saint
Francis, fully aware that I have a little Jesus and
a Blessed Sister Faustina from the very same set.

This morning there was a Saint George, but he's gone now,
he should be here soon after Sunday again
(and not just him . . .) – says Grandma to
people, and people often listen to her and respect her.

Around Friday heaven arrives; they no longer supply
hell (it stays on the shelf too long), but I've got
hell at home, as well as heaven and the saints. And, when

I get bored or sad, I set out just opposite
heaven and hell. In heaven I place the ones
from Grandma. In hell a piglet, a sapper and a diver.

Pranie brudnych pieniędzy

Automat z kawą wydaje mi siedem złotych,
to jest o całe siedem za dużo. Czyje to
pieniądze? – waham się, czy powinienem
je przyjąć, bo pieniądze mogą pochodzić: a –

od Szatana, be – Boga, ce – od Automatu.
Za mną już kilka osób, które nie będą się
wahać. Postanawiam oddać, co nie moje,
z żalem wrzucam monety do dziurki, a one

wypadają dołem, niby te same, a jednak
inne. O tych wiem bowiem, że są
od Boga.

Laundering dirty money

The coffee machine gives me back seven zlotys,
that's a whole seven too many. Whose is
this money? I'm wondering whether I should
accept it, because the money might have come: a –

from Satan, b – from God, c – from the Machine.
Behind me there are now several people who will not
hesitate. I decide to give back what isn't mine,
regretfully I drop the coins into the slot, but they

fall out at the bottom, seemingly the same ones, and yet
they're different. For these I know are
from God.

Na wszystko za późno, na nic za wcześnie

Znowu niespodziewanie spotkamy się po latach,
będziemy z premedytacją mieszać piwo i wino
z wódką, by w środku nocy jeździć rowerami
po osiedlu, niespodziewanie uderzając w wysokie

krawężniki, tratując klomby, tnąc policzki
o wyrosłe niespodziewanie gałęzie, by się nie-
spodziewanie potem wywrócić, i prowadząc
zwichrowane rowery, przyjść do mnie, by opatrzyć

rany, a potem położyć się spać, by rano
kopulować niespodziewanie jak zwierzęta, ze
strachu, że powróci niespodziewanie coś,

co czuliśmy przed laty, kopulując jak ludzie.

Too late for anything, too early for nothing

Unexpectedly we'll meet again years later,
quite on purpose we'll mix beer and wine
with vodka, ride bikes in the middle of the night
around the estate, unexpectedly bumping into the high

kerbstones, trampling flowerbeds, cutting our cheeks
on branches sprung up unexpectedly, then un-
expectedly fall over and, pushing our
warped bicycles, come to my place, then dress

our wounds, later lie down to sleep, in the morning
copulate unexpectedly like animals, out
of fear that something will unexpectedly return

that we felt years ago, when we copulated like humans.

Agnieszce

Chciałbym cię móc opisać, lecz nie na kanwie kobiety
czy erotyku, opisać cię tak, jakbyś była stworzona
jedynie dla mnie, i jakbyś była pierwszą osobą,
jaką widzę, i jakbym był pierwszą osobą, która
na ciebie patrzy. Nie umiem. Próbowałem. Każdy
opis był tylko opisem

mojego wzroku, słuchu, węchu, dotyku, smaku
albo uczucia. Niemożność opisania ciebie to
cena, jaką się płaci
za wierność.

To Agnieszka

I'd like to be able to describe you, but not in the frame of the female
or a love poem, but describe you as if you were created
for no one but me, as if you were the first person
I ever saw, and as if I were the first person ever
to look at you. I can't. I have tried. Every
description was just a description

of my own vision, hearing, smell, touch, taste
or emotion. Not being able to describe you is
the price paid
for fidelity.

Rozdzielczość

Dzisiaj z twojego aktu wybrałem sobie oko
i powiększałem je aż do granic ekranu, do
granic rozdzielczości (a ta jest na tyle wysoka,
że można już w ciebie uwierzyć). Powiększałem

twoje prawe oko, chcąc za ostatnim kliknięciem
przeskoczyć na drugą stronę, obejrzeć duszę
albo przynajmniej siebie rozklikanego. W
pobliżu czterdziestego czwartego powiększenia

zobaczyłem swoją niewyraźną sylwetkę,
przy sześćdziesiątym szóstym zarys aparatu
fotograficznego, czytelny tylko dla mnie. A
dalej już nic więcej nad szare prostokąty

poukładane ściśle jak cegły w murze, jak
kamienie w ścianie płaczu, przed którą staję
w dzień i w nocy, aby wytrwale rozsadzać spojenia
karteczkami z moimi wierszami.

Resolution

Today I chose myself an eye from your nude photo
and enlarged it to the limits of the screen, to
the limits of resolution (and that's high enough
for one to believe in you). I enlarged

your right eye, wanting after the final mouse click
to jump to the other side, to examine your soul
or at least my own clicked-on self. Around
the forty-fourth enlargement

I saw my own foggy silhouette,
at the sixty-sixth the outline of the camera,
readable to me alone. But beyond that
there was nothing but grey rectangles

neatly laid like the bricks in a house, like the
stones in the wailing wall I stand in front of
day and night, doggedly swelling the cracks
with notes filled with my poems.

Erotyk ponadczasowy

Nic by nie było do zniesienia, gdybym
nie był bez przerwy kim innym i gdybyś
nie była kim innym, niż byłaś, gdy myślałaś,
co powiedzieć, kim innym, gdy to mówiłaś, i
kim innym jeszcze, gdy usłyszałem to,

co mówiłaś (do mnie?). Nic by nie było do
zniesienia, gdybym nie umiał bez wyrzutów
sumienia kłamać, doklejać nieklejące
się słowa do nieprawdziwego początku i
piekielnie niejasnego końca, budując po-

most między przeszłym a przyszłym (którego
nijak nie będę mógł przejść) do ciebie (której
nie znam i nigdy nie poznam). Oszalałbym,
gdybyśmy przestali rozmijać się, doszli do
tego, że w istocie o nic nie chodzi, tak

samo się kochali, byli zrównoważeni
i pełni siebie jak zero.

Timeless love poem

Nothing would be bearable if I weren't
endlessly somebody else and if you weren't
somebody else than you were when you were thinking
what to say, somebody else when you said it and
somebody else again when I heard

what you were saying (to me?). Nothing would be
bearable if I didn't know how to lie without pangs
of conscience, how to adhere incoherent
words to an unreal beginning and
a hellishly hazy ending, building a gang-

way between the past and the future (which
I'll never be able to cross) to you (whom
I do not and will not ever know). I would go mad
if we were to cease to pass each other by, or came to
a point where it wasn't really going anywhere,

or loved each other in the same old way, were well-balanced
and full of ourselves like a big round zero.

Nocny ptak

Zmierzch surfuje po dachach, psy wyprowadzają
właścicieli na piwo i papierosa; chłód
zdejmuje z dziewcząt spacerujących parami
kolejne warstwy odzieży. Ze zmierzchem łatwo się

zmierzyć, inaczej z ciemnością, która chowa
się coraz głębiej do słowa albo (rzucając na oślep
butelkami, wpychając na mnie kobiety) ucieka
pod osłoną nocy, by świtem (gdy ostatni

pijacy wracają do domów) bezszelestnie
wpełznąć w światło.

Night bird

Dusk is surfing the rooftops, dogs are taking their
owners out for a beer and a smoke; the cold
removes layer after layer of clothing
from girls walking in pairs. It's easy to deal with

the dusk, but not so the darkness, which buries itself
ever deeper into the word or (blindly throwing
bottles, pushing women at me) escapes
under cover of the night, by dawn (as the last

drunks are coming home) noiselessly
to crawl into the light.

światło

Pomyśl o kracie, która przestaje istnieć
w miarę, jak zbliżasz się do niej. Zanim poczujesz
jej chłód, a potem upór, przez chwilę wyda ci się,
że jesteś wolny. Pomyśl o dziurce od klucza, o oku
wizjera, które widzi wszystko, a nawet więcej.
I pomyśl o swojej powiece, o swojej duszy
przyczajonej tuż za źrenicą.

light

Think of bars that cease to exist
the closer you get to them. Before you feel
their coldness, then their obstinacy, briefly it will seem
as if you're free. Think of a keyhole, of the eye
of a peephole that sees everything, or even more.
And think of your own eyelid, of your own soul
lurking just behind the pupil.

* * *

Bóg nie odsunął się – jak chciała Simone
Weil – na gigantyczną odległość, ale jest
tuż obok, tak blisko, że wyczuwam Jego

troskliwą nieobecność. (Która jest przemilczanym
słowem, zaniechanym gestem, zawieszonym
wzrokiem,
        zatrzymanym na chwilę oddechem. Ten

bezdech to twoje życie.)

* * *

God has not retired – as Simone Weil
would have it – a huge distance away, but He's
right here, so close that I can feel His

caring non-presence. (Which is a word passed over
in silence, an aborted gesture, a suspended
gaze,
        a breath held for a moment. That

not breathing, that's your life.)

* * *

Żywy nie zrozumie umarłego umarły zrozumie
żywego i jego niezrozumienie.

Żywy tak bardzo nie wierzy w niebo że gdyby
mu zaproponowano wieczne siedzenie w fotelu

z przymusem wpatrywania się w ekran z którego
patrzyłby na siebie patrzącego – poszedłby

na to. Lub gdyby niebo miało być małe ale
pewne jak trumna też by się zgodził. Gdyby

umarły zechciał opowiedzieć żywemu
jak jest naprawdę musiałby

milczeć.

* * *

The living will not understand the dead the dead will understand
the living and his lack of understanding.

The living so firmly doesn't believe in heaven that if
he were offered the choice of eternally sitting in an armchair

compelled to stare at a screen from which
he would stare at himself staring – he would go

for it. Or if heaven were going to be small but
safe like a coffin he'd agree to that too. If

the dead wanted to tell the living
what it's really like he'd have to

keep silent.

* * *

To jest wers pierwszy. Ten wers nie ma znaczenia.
A to jest wers drugi, w którym nie jesteś już sobą,
tzn. nie jesteś człowiekiem z pierwszego wersu,
a teraz już nawet nie jesteś tym, kim byłeś
w wersie drugim i trzecim, i czwartym, i na dodatek

w piątym. Ten wiersz jest życiem, robię wszystko,
żeby być sobą w każdym wersie, by każdy wers
jakimś cudem do siebie nagiąć, tymczasem ty,
chcąc nie chcąc, musisz to życie przeżyć, a w

ostatnim wersie, możliwie najbliżej końca,
zdobyć się na ocenę, której przedmiotem będziesz
ty. Przeżyjesz tylko wówczas, gdy uznasz,

że wiersz mówił o Bogu. Ostatni wers nadejdzie
jednak szybciej
niż

* * *

This is the first line. This line means nothing.
And this is the second line, in which you are no longer you,
i.e., you're not the person from the first line,
and now you're not even who you were
in the second and third, and fourth, and on top of that

the fifth. This poem is life, I'm doing all I can
to be myself in every line, to bend every line
by some miracle to fit myself; meanwhile you,
like it or not, have to live through this life, and in

the last line of all, as near the end as possible,
dare to make an appraisal, the object of which will be
you. You will only live through life when you recognise

the poem spoke of God. Yet the last line will come up
quicker
than

Black Square

Still, it is possible that a material relation between [light and clearing] exists. Light can stream into the clearing, into its openness, and let brightness play with darkness in it. But light never first creates the clearing. Rather, light presupposes it. However, the clearing, the open region, is not only free for brightness and darkness but also for resonance and echo, for sound and the diminishing of sound. The clearing is the open region for everything that becomes present and absent . . . The path to [unconcealment] is distinguished from the lane along which the opinion of mortals wanders. Aletheia is nothing mortal, just as little as death itself.

> Martin Heidegger
> *The End of Philosophy and the Task of Thinking*
> (trans. David Farrell Krell)

If you're coming out with big plans
To find some paradise
Well, there's nothing here to do but limboing
And some went back
They couldn't face the black

> Frank Black
> *So Hard to Make Things Out*

* * *

Trzydziestoletni chłopiec święcie przekonany
o swojej nieśmiertelności.

Chłopiec o skórze biało-błękitnej jak marmur
nieba.

Chłopiec, który opada na mnie grobową płytą
nocy. Bezsennym snem.

Ktoś, kto bezzwłocznie pojawia się i znika
jak czarny kwadrat na czarnym tle.

* * *

A thirty-year-old boy solemnly convinced
of his own immortality.

A boy with blue-and-white skin like the marble
of heaven.

A boy who falls on me like the tombstone
of night. Like dreamless sleep.

Someone who promptly appears and disappears
like a black square on a black background.

* * *

Zeskanowałem swoje zdjęcie z pierwszej klasy
podstawówki: krzywo przycięta grzywka, grube
policzki, delikatnie przygryziona warga,

przerażająco ufne oczy. Powoli przesuwam
pasek kontrastu i z mlecznej nicości wyłania się
kształt, który staje się rzeczywisty w połowie

skali, a potem znów zapada się w tło. Szczęśliwy,
kto umiera w taki sposób. A teraz patrzę w lustro
i muszę się zgodzić na kilka zmarszczek, których

niedawno nie było (czy kiedykolwiek mogło
ich nie być?). Więc to ja, znowu ja, wszystko ja,
włącznie z blizną po trądziku, dziurą w zębie, a

kiedyś, być może – dziurą po zębie. Za dużo
tego ja, żebym mógł je ogarnąć, wziąć za swoje.
Zważywszy, że jesteśmy dopiero przy ciele.

* * *

I scanned my photograph from the first year
at grade school: crookedly cut fringe, chubby
little cheeks, gently chewed lip,

frighteningly trusting eyes. Gradually I move along
the contrast bar and out of milky nothingness emerges
a shape that becomes real half way

down the scale, then submerges into the background. Happy
is he who dies in this way. Now I'm looking in the mirror
and have to agree to a few wrinkles which

weren't there not long ago (could they ever have
not been there?). So that's me, again me, all me,
including the acne scar, the hole in my tooth, and

one day, perhaps, the hole from my tooth. Too much
of that me for this me to take in, accept as my own.
Bearing in mind that we are only at the body.

* * *

Ciesz się, że masz ciało, ciało, które mówi
o śmierci duszy.

Umyj mnie – prosi ciało, bo w nocy narozrabiało.
Wyciśnij mnie – woła pryszcz, w którym ropieją wszystkie

wyrzuty sumienia. Gdybyś był samą duszą,
mógłbyś przeoczyć własną śmierć. Gdybyś był

samym ciałem, wyciskałbyś pryszcze, rwał
sobie włosy z głowy, gryzł wargi, wykręcał palce,

nie wiedząc po co.

* * *

Be glad you have a body, a body that talks
about the death of the soul.

"Wash me," asks the body, for last night it got up to mischief.
"Squeeze me," cries the pimple, where every single outbreak

of conscience is festering. If you were nothing but a soul,
you could overlook your own death. If you were

nothing but a body, you'd squeeze out the pimples, tear
your own hair from your head, bite your lip and twist your fingers

without knowing what for.

Wiersz współczesny

jest jak nietoperz,
zamieszkuje piwnice,
poddasza, jaskinie,
w dzień śpi,
poluje w nocy,
wisi głową w dół.

Trzeba wielkiej wyobraźni,
by go porównać do ptaka.

Jest ślepy,
wysyła sygnały,
odbiera sygnały.
Można powiedzieć: słyszy
jedynie samego siebie.

Kiedyś sądzono, że żywi
się ludzką krwią, ale on
zadowala się muchą,
chrabąszczem albo ćmą.

Gdy byłem mały,
wychodziłem o zmierzchu
„na nietoperze".

A modern poem

is like a bat,
its habitat is in cellars,
attics, caves,
by day it sleeps,
it hunts by night,
it hangs head downwards.

It takes great imagination
to compare it to a bird.

It is blind,
it emits signals,
it receives signals.
You could say: it hears
only itself alone.

People used to think it lived
on human blood, but it's
happy with a fly,
a maybug or a moth.

When I was little,
I used to go out at dusk
"bat hunting".

Rzucałem w górę kamienie,
a nietoperz pikował
za nimi, w ostatniej chwili
orientował się, że
to podstęp i natychmiast
korygował lot.

Zdarzało się, że gdy kamień
był większy, nietoperz w niego
uderzał i spadał na ziemię. Poezja,

jeśli jest, przypomina
dziś kamyk,
czasem cegłę.

I would throw stones upwards,
and the bat would dive
after them, at the last moment
it would realize this was
a trick and immediately
correct its flight.

Sometimes, when the stone
was bigger, the bat crashed
into it and fell to the ground. Poetry,

if it is, resembles
now a pebble,
sometimes a brick.

* * *

Gdy widzę umarlaka, który leży bez tchu
dłużej niż dziesięć minut, to nawet go nie
reanimuję – mówi pierwszy lekarz.
Odłączam aparaturę, gdy mózg nie wykazuje

już większej aktywności – stwierdza drugi. *Ja*
jestem bardziej ostrożny niż moi koledzy,
odłączam pacjenta dopiero wówczas, gdy
w ciele już nie ma duszy – przyznaje trzeci (jest

katolikiem). Jakże mi żal tego
ciepłego ciała bez duszy – katedry bez Boga, w
której ktoś po godzinach wygrywa na organach

„Sen nocy letniej", w którym śniący śni
śniącego, który śni śniącego, który śni
kogoś, kto nie może obudzić się ani zasnąć.

Visby, luty 2004 r.

* * *

When I see a cadaver that lies there without breathing
for more than ten minutes, I don't even
resuscitate, says the first doctor.
I disconnect the equipment when the brain stops showing

any greater activity, claims the second. *I'm*
more cautious than my colleagues,
I disconnect the patient only when
the soul has left the body, admits the third (he's

a Catholic). How sorry I feel for that
still warm body without a soul – a cathedral without God,
where someone after hours is playing on the organ

"A Midsummer Night's Dream", in which the dreamer dreams
of a dreamer, who dreams of a dreamer, who dreams
of someone who cannot wake or fall asleep.

Visby, February 2004

59

* * *

Moja mama prosiła po twojej śmierci o
cokolwiek i wkrótce przyśnił jej się promień
schodzący z nieba chwyciła się go jak
brzytwy ciocia z wujkiem też się chwycili i

babcia i kuzynka i promień urwał się. Teraz
wisi wysoko nad nami przypomina
parciany sznurek. Kiedy wieje wiatr

jego koniuszek kreśli w przejrzystym powietrzu
niewidzialne litery.

* * *

My mom asked after your death for
anything at all and soon she dreamed of a ray of light
descending from heaven she grasped it like
a nettle auntie and uncle grasped it too and

granny and my cousin and the ray of light broke off. Now
it hangs high above us it looks like
a piece of sisal string. Whenever the wind blows

its tip draws invisible letters
in the transparent air.

* * *

Jeżeli nadal jesteś sobą, nie możesz nie tęsknić
za potrawką z kurczaka, radiową Dwójką, Frankiem
Blackiem, Allenem, Tarantino i mną.
Musi brakować ci chwil zwątpienia, dzięki

którym byłeś, kim byłeś. Rozważam i taką
ewentualność: jesteś czystym zachwytem, obłoczkiem
rozkoszy. Lecz wtedy cóż ci po mnie, a mnie
po tobie? A tak naprawdę – siedzisz pod rozłożystym

drzewem, umorusany lepkim miąższem lipca,
słyszysz, że cię wołam, ale nie odpowiadasz,
aby nie spłoszyć ptaka, który zjada do bólu
szczęśliwą gąsienicę. Milczysz absolutnie

pewien, że jeszcze moment
i cię znajdę.

* * *

If you are still yourself, you can't help longing
for chicken fricassee, Radio Two, Frank
Black, Woody Allen, Tarantino and me.
You must be missing the moments of doubt, thanks

to which you were who you were. I'm also weighing
this eventuality: you are pure delight, a little cloud
of bliss. But then what use am I to you, and you
to me? In actual fact you're sitting under a spreading

tree, smeared with the sticky pulp of July,
you can hear me calling, but you do not answer,
to avoid scaring a bird that is eating
a painfully happy caterpillar. You're quiet absolutely

certain that one more moment
and I'll find you.

Orfeusz i Eurydyk

Sergiuszowi

Codziennie wysyłam ci maila, piszę w nim,
co u mnie, za każdym razem kończę prośbą: jeżeli

jesteś i dobrze się masz
– nie odpisuj.

Orpheus and Eurydicus

For Sergiusz

Every day I send you an e-mail, in it I write
my news, every time I end with a request: if

you're there and you're well,
don't write back.

* * *

W drugim pokoju leży ojciec, czyta przed snem.
Zawsze dawał mi wszystko, czego potrzebowałem.
Wydaje mi się, że jestem dla niego dobry.

Leżymy w sąsiednich pokojach, jest cicho, słychać wodę
szemrzącą w kaloryferach. Mija czas. Cóż więcej
mogę zrobić, tulić go w nieskończoność, powtarzać:

kocham cię? Nie sądzę. Więc leżę i myślę o
jego starym sercu i malejącej liczbie
pisanych mu uderzeń. Tyle miłości, z którą

nie ma co zrobić.

* * *

Father is lying in the other room, reading before sleep.
He has always given me everything I needed.
It seems to me I'm good to him.

We're lying in adjacent rooms, it's quiet, I can hear water
murmuring in the radiators. Time passes. What more
can I do, hug him into infinity, or keep repeating:

I love you? I think not. So I lie here considering
his aged heart and the dwindling number
of beats that are its destiny. So much love,

and nothing to do with it.

* * *

Nie ma miłości większej niż
milczenie.

Bo gdybyś widząc
jak rozmyślam o śmierci
ojca zdradził
kiedy to się stanie
przestałbyś być Bogiem
podziwiałbym Cię

co najwyżej tak
jak w podstawówce Tomka
S. który wywracał
powieki na drugą stronę
dotykał językiem nosa
i przepowiedział własną
śmierć. Ale milczysz

kiedy mówię do Ciebie
milczysz gdy umierają
najbliżsi. Nie ma miłości
większej niż milczenie

dotykalne jak asfalt
nieba w nocnej kałuży.

* * *

There is no love greater than
silence.

For if seeing
my thoughts of my
father's death, You betrayed
when it will happen,
You would cease to be God
I would admire You

no more than Tomek
S. at grade school
who turned his
eyelids inside out
licked his own nose
and predicted his own
death. But You're silent

when I talk to You
silent when my loved ones
are dying. There is no love
greater than silence

tangible as the asphalt
of heaven in a pool at night.

Różnica

Granica między dobrem a złem jest stanowcza
i przeraźliwie ostra. I cienka jak kreska
narysowana najtwardszym ołówkiem. Różnica między

dobrem a złem jest nie mniej zasadnicza
niż różnica między kichnięciem a kaszlnięciem.

Pisałem wiersz i akurat miałem kichnąć, gdy
do drzwi zadzwonił ojciec. Przestraszyłem się
tak, że złamałem grafit, a zamiast kichnąć

– zakaszlałem. Różnica między dobrem a złem
jest oczywista. Jak różnica między

strachem uzasadnionym
i strachem bez powodu.

The difference

The border between good and evil is resolute
and shockingly sharp. And thin as a line
drawn with the hardest pencil. The difference between

good and evil is no less fundamental
than the difference between sneezing and coughing.

I was writing a poem and was just about to sneeze, when
my father rang the doorbell. I got such a fright
I broke the pencil tip, and instead of sneezing

I started coughing. The difference between good and evil
is obvious. Like the difference between

fear that's justified
and fear without a cause.

* * *

Słowo *jabłko* nie zawiera w sobie żadnej prawdy
o jabłku, podobnie jak jego kształt, kolor, zapach
i smak. Prawda nie jest do oglądania, wąchania
i smakowania. Mówiąc *jabłko*, zaledwie je zjadasz.

W przestrzeni między słowem *jabłko* a prawdą jabłka
dzieje się jabłko. Przestrzeń między słowem *śmierć*
a prawdą śmierci jest największa. W niej dzieje
się życie. Między słowem *prawda* a prawdą dzieje się

śmierć.

* * *

The word *apple* doesn't contain any truth
about an apple, just like its shape, colour, smell
and taste. The truth isn't for inspecting, sniffing
or tasting. In saying *apple* you're hardly eating one.

In the space between the word *apple* and the truth of an apple
an apple happens. The space between the word *death*
and the truth of death is the greatest. Within it
life happens. Between the word *truth* and the truth what happens is

death.

* * *

To nieprawda, że świat jest bezustannym powrotem
(kiedyś zgubiłem klucze i nie znalazły się, trzeba
było wymieniać wszystkie zamki). Myślimy
tak, bo szukamy podobieństw, a przecież wiosna

nie bardziej podobna do drugiej wiosny niż do
zimy. Nie masz prawa mówić, że jesteś tym,
kim byłeś wczoraj, choćby dlatego, że wczoraj padał
śnieg, a dzisiaj pada deszcz, który nie jest

ani słońcem za chmurami, ani wodą z nieba.
Niebo zresztą też nazywasz niebem z braku
lepszych określeń. Bo sam chcesz być niebem,

a nie tylko słowem „niebo", trzymającym
błękitną gąsienicę dla zabawy w ustach.

* * *

It isn't true that the world is an eternal return
(one time I lost my keys and they were never found, all the locks
had to be changed). We think
like that, for we seek similarities, yet the spring

is no more similar to another spring than to
winter. You have no right to say you are who
you were yesterday, if only because yesterday
it was snowing, and today it's raining, which is neither

the sun behind the clouds, nor water from heaven.
Anyway you call heaven heaven for lack
of any better term. Because you want to be heaven,

and not just the word "heaven", putting
a bright blue caterpillar in your mouth for a dare.

* * *

Pomiędzy odpływem myśli a przypływem
snu mam minutę wieczności na zbieranie
metafor.

Lecz zanim zdążę schylić się po pierwszą
z nich, zalewa mnie fala i odmęt pochłania. Jakiś

czas później budzę się, bo słońce
wsadza mi palce do oczu. Niewiele pamiętam.

W prawej kieszeni mam kamyk, w lewej meduzę,
w ustach – piach.

* * *

In between the ebb of thoughts and the flow
of sleep I have a minute of eternity for gathering
metaphors.

But before I can bend to pick up the first
one, a wave washes over me and the turbulent deep engulfs me. Some

time later I wake up, because the sun
is sticking its fingers in my eyes. I don't remember much.

In my right pocket I've a pebble, in my left a jellyfish,
in my mouth – sand.

* * *

Latają tu bez przerwy te Ikary, już
przestałem zwracać uwagę – mówi oracz, nie
odrywając wzroku od gleby, rąk od pługa.

Nie lubię tu łowić, bo często włażą w sieć
te Ikary i trzeba wyplątywać z oczek
ręce i nogi – mówi rybak. Wszyscy

gadają o latających ludziach, to często patrzę
w niebo, ale jeszcze nigdy nie widziałem
– zwierza się pasterz. Spisuję ich wypowiedzi

przy wejściu do metra i widzę, jak o stopień
schodów potyka się pijany mężczyzna

i leci w dół.

* * *

Those Icaruses are always flying about here, I've
stopped taking any notice, says the ploughman, without
tearing his eyes from the soil, his hands from the plough.

I don't like fishing here, because those Icaruses
often climb into my net and I have to disentangle
their arms and legs from the mesh, says the angler.

Everyone's on about flying people, so I often gaze
into the sky, but I've never seen nothing yet,
confesses the shepherd. I write down their statements

by the subway entrance, where I see a drunken man
tripping at the top of the stairs

and flying down.

* * *

Piątek: chodzę po mieście, którego harmonii
nie jest w stanie zachwiać nawet sąsiedztwo kościołów
i burdeli, cmentarzy i solariów, przed chwilą
przeszła tędy pewnym krokiem burza, gałęzie
starych drzew kołysały się bezwolnie jak
nastolatki w filmach porno, chodzę po mieście,
spotykam poetów, muzyków, malarzy, dzieci
rewolucji '68, siedzą w kawiarniach
jak orzechy we wnętrzu wielkiego tortu, czasami
marzą tylko o tym, żeby ktoś im ustąpił
miejsca w tramwaju, lecz nie mają odwagi
się o to upomnieć, chodzę i słucham „Requiem"
Mozarta, zadając sobie pytanie, kto z nas
zasługuje na takie pożegnanie, na taką
cześć. Rozpogadza się, w parku koścista pani
czyta Biblię, kawałek dalej młodzi udają,
że chcą się rozmnożyć. Trafiam na pomnik Keplera
i jego pierwsze prawo: planety poruszają się
po elipsach. Dokąd jeszcze zaprowadzi mnie
święta geometria tego miasta. Turysto z Polski,
otwórz się, usiądź na trawie, spójrz na wróble,
zrozum wreszcie, że park nie jest zgwałconym lasem.

Graz, 2008 r.

* * *

Friday: I wander the city, whose harmony
cannot be disturbed, not even by churches
next to brothels, graveyards next to solaria, a while ago
a storm passed this way at a confident pace, the branches
of old trees were swaying submissively like
teenage girls in porn flicks, I wander the city,
I run into poets, musicians, painters, children
of the '68 revolution, they're sitting in cafés
like walnuts inside a great big cake, sometimes
their only dream is for someone to give them
a seat on the tram, but they haven't the courage
to speak up and ask, I wander and listen to Mozart's
"Requiem", inwardly wondering who among us
is worthy of such a send-off, such an
honor. The weather clears, in the park a bony lady
reads the Bible, a little further on young couples pretend
they want to multiply. I come upon a statue of Kepler
and his first law: the orbit of every planet is
an ellipse. Where else will the sacred geometry
of this city lead me. O tourist from Poland,
open up, sit on the grass, look at the sparrows,
understand at last that a park is not a ravaged forest.

Graz, 2008

Wielki Zderzacz Hadronów

Model Standardowy składa się z równań, które, jeśli
przyjrzymy im się bliżej, okazują się koślawe i nie
takie eleganckie, jakich należałoby się spodziewać
po równaniach opisujących podstawowe prawa natury.
Fizycy mają pomysł na stworzenie większych, prostszych
i znacznie piękniejszych równań (. . .).

Prof. Frank Wilczek

Muszą tylko wyjaśnić, czym jest ciemna materia,
a także co jest w środku i z drugiej strony czarnej
dziury. Ułożą równanie piękniejsze niż poezja,
zanim przerodzi się w wiersz, dowiem się z liczb, że liść
jest liściem, ptak ptakiem, śmierć śmiercią, Einstein
Newtonem, Różewicz Herbertem, a Świetlicki
sobą. Wierzę w naukowców, dlatego modlę się,
by byli odważniejsi niż poeci, w przeciwnym razie,
zanim napiszą swoje równanie, odkryją,
że z drugiej strony dziury zerka na nich ich własne
oko. A wtedy równanie rozleci się w zdanie

i rozerwie im usta.

The Large Hadron Collider

The Standard Model consists of equations that, if we take a closer look at them, prove crooked and not as elegant as one might expect of equations describing the fundamental laws of nature. Physicists have an idea of creating bigger, simpler and far more beautiful equations . . .

Professor Frank Wilczek

They only have to clarify what is dark matter,
and also what's inside and what's on the far side of a black
hole. They'll compose an equation more beautiful than poetry,
before it turns into a poem, I shall learn from numbers that a leaf
is a leaf, a bird is a bird, death is death, Einstein is
Newton, Różewicz is Herbert and Świetlicki is
himself. I believe in scientists, that's why I pray
for them to be braver than the poets, or otherwise,
before they write their equation, they'll discover
peeping at them from the far side of the hole their very
own eye. And then the equation will explode into a phrase

and rip off their lips.

* * *

Boże, wielka Niezgrabo, znów chciałeś rozładować
korek i zderzyły się cztery tiry. Nie

zdążyłeś, kichając, zasłonić ust i huragan
spustoszył Florydę. Nie dziw się, że część z nas

chodzi na co dzień w zbroi, spoza której
nie widać Ciebie. Czasem i ja się obawiam,

czy w swoich wielkich palcach przeniesiesz mnie
żywego na tamten świat.

* * *

O God, You great Bungler, You tried to unblock
the traffic again and four big lorries crashed. You

failed, in sneezing, to shield Your mouth and a hurricane
has ravaged Florida. Don't be surprised if part of us

goes about all day in armour that makes
You impossible to see. Sometimes I too am afraid

You'll carry me off in Your great big fingers
alive to the other world.

* * *

Nieogrzewany wagon nocnego pociągu; ci,
którzy tu zostali wbrew woli konduktora
i siedzą bez światła, znieczuleni zimnem,
każdy w osobnym przedziale, muszą mieć
coś na sumieniu. Wyobrażam sobie,
że ten wagon odczepia się od składu, że znika
z rozkładu jazdy. Ile takich wagonów
krąży po świecie. Ile takich wagonów krąży
we mnie. Ile nieogrzewanych wagonów
nigdy się ze mną nie zderzy.

* * *

The unheated carriage of a night train; those
who have stayed here against the will of the conductor
and are sitting in the dark, anesthetized by cold,
each in a separate compartment, must have
something on their conscience. I imagine
that this carriage is uncoupling itself, and will vanish
from the timetable. How many such carriages
are roaming the world. How many such carriages are roaming
inside me. How many unheated carriages
will never collide with me.

Nieomal

Patrzę na kobietę z drugiego końca sali,
nie widzę dokładnie jej rysów twarzy, lecz
wiem, że jest piękna. Podobna do mojej Agnieszki,
nieomal identyczna. A może to ty przebrana
za siebie, żeby sprawdzić, czy umiałbym cię zdradzić.

I aby poczuć, że tak.

Almost

I'm looking at a woman from the other end of the room,
I can't see her facial features very well, but
I know she's beautiful. Quite like my Agnieszka,
almost identical. Or maybe it is you disguised
as yourself, just to check if I'd be capable of betraying you.

And to feel that I could.

Gdyby

kogoś kiedyś zainteresowała prawda
czasów, w których żyłem,
powiedziałbym mu tak:

Na moich oczach miłość
zamieniała się w seks,
seks w pornografię,
pornografia
w miłość.

Wielokrotnie.
Coraz szybciej.

If ever

anyone were interested in the truth
of the times in which I lived,
I'd tell him this:

Right before my eyes love
changed into sex,
sex into pornography,
pornography
into love.

Again and again.
Faster and faster.

Przegapiłem swój moment

A jak go nie przegapić, czytając w internecie
jutrzejszą prasę, słysząc piosenki białych karłów
rocka, którzy udają supernowe. Widząc,

jak tsunami sprzed lat nadal pochłania te same
wioski, a wieże World Trade Center co noc
w pośpiechu odbudowuje się po to, by mogły leniwie

runąć za dnia. No, powiedz, jak nie przegapić swojego
momentu w świecie, w którym jedna gazeta
ukazuje się w czterech wersjach: zachowawczej,

postępowej, umiarkowanej i bez tekstu. W czasach,
gdy niewykorzystane minuty przechodzą na następny
miesiąc. Przegapiłem swój moment. Kiedy, gdzie?

A może to on przegapił mnie? Zniknął
za horyzontem, roztył się nieskończenie.

I czeka.

I missed my moment

And how could I fail to miss it, reading tomorrow's news
on the internet, hearing songs by the white dwarves
of rock pretending to be supernovas. Seeing

how a tsunami from years ago keeps on engulfing
the same old villages, and the World Trade Center towers
are hurriedly rebuilt by night in order languidly

to tumble by day. So tell me, how could I not miss
my moment in a world where the same paper
comes out in four versions: conservative,

progressive, moderate and without text. In times
when the unused minutes pass on to the next
month. I missed my moment. When, where?

Or maybe it missed me? Vanished
over the horizon, fattened infinitely.

And is waiting.

* * *

Dobro i zło przestały się we mnie spierać, dorosły,
dojrzały, spoważniały, wyprowadziły się
ze wspólnego pokoju, założyły rodziny,
jedno i drugie kupiło dom z garażem, słonecznym
ogrodem, idealnie przystrzyżonym trawnikiem
i żywopłotem, ich dzieci bawią się razem, ratują
motyle i biedronki, zabijają pająki,
najlepiej się czują, gdy mogą zrobić sobie
na złość, nie wiedzą, że zanim pożrą się
na dobre, będą już miały własne domy. Chodzę
po pustym mieszkaniu, prawie nie pamiętam
zapachu, śmiechu, płaczu dzieci, które tu żyły.
Czasami dzwonią albo to ja do siebie dzwonię
z komórki na stacjonarny lub odwrotnie. Czasami

czuję się, jakbym był
pustym mieszkaniem.

* * *

Good and evil have stopped quarrelling inside me, grown up,
mature and serious, they have moved out
of their shared room, started families,
they have each bought a house with a garage, a sunny
garden, a neatly trimmed lawn
and a hedge, their children play together, rescuing
butterflies and ladybirds, killing spiders,
they feel best of all when they can do each other
some mischief, they don't know that before they fall out
for good, they'll already have their own homes. I walk
about the empty apartment, I can hardly remember
the smell, the laughter and tears of the children who lived here.
Sometimes they call, or else it's me calling myself
from the mobile to the landline or vice versa. Sometimes

I feel as if I were
the empty apartment.

* * *

czym różni się milczenie
puste od znaczącego

głębokie od płytkiego
jasne od ciemnego

milczenie celne od
milczenia jak kulą w płot

tobą

* * *

what distinguishes empty
silence from meaningful

profound from shallow
bright from dark

silence on target
from silence off key

is you

do skutku

1.

poezja jest wtedy
gdy czujesz

to
coś

czujesz?

2.

(jeżeli nie
przeczytaj wiersz
ponownie)

until it works

   1.

poetry is when
you feel

that
something

feel it?

   2.

(if you don't
read the poem
again)

What Fell Between the Cracks?

by Antonia Lloyd-Jones

For years I avoided translating poetry, concerned that as a non-poet I didn't have the skills to do the lines justice in English. Then one day I found myself working on some poetry samples within a set of mainly prose translations for the Polish Book Institute, including two poems by Tadeusz Dąbrowski. Soon after, Tadeusz contacted me, asking me to translate more of his work. I was surprised, considering I had missed a pun that was crucial to one of the poems I had forced into English for the Institute. The poems he sent seemed, at least on the surface, uncomplicated—no strict meter, few rhymes, mostly straightforward vocabulary—so I decided to give it a try. My first efforts were scrawled at Wellesley Square station, during a visit to the States, and then on the train into Boston. It didn't seem impossible.

Now some eighty poems down the line, when a Dąbrowski text looks uncomplicated, my alarm bell rings. Simple can be much harder to translate than complicated, because it looks so artless, and because it is often so precise. The things that defy translation are frequently more interesting than those that give in to it, so here I will mention some of the specific features of Dąbrowski's work for which I sometimes found solutions, and sometimes didn't. I would be interested to see how other translators would tackle those poems for which I did not find a satisfactory result and did not include in this selection, some of which I will mention. That said, I should define "satisfactory result": my approach to Dąbrowski's poetry has been to stick as closely as I can to the original meaning, word order and lyrical effects.

While not letting myself be straitjacketed by the rhythm or number of syllables in the original Polish text, I have tried to retain these features where possible in my first drafts, though one or the other has often been sacrificed later on, because it is rarely a crucial feature. I have also tried to keep the word order, especially where an element has been placed first or last for emphasis. However, Polish has a flexible word order, while the constraints of English syntax have sometimes pushed me into a corner. Here and there I have stuck with the Polish order even though the rhythm of English might naturally re-position a word or two (for example in the final lines of "O God You great Bungler…": *czy w swoich wielkich palcach przeniesiesz mnie / żywego na tamten świat*—where I have reversed the first line for the sake of English syntax, but not the second, to keep the emphasis on "alive": *You'll carry me off in Your great big fingers / alive to the other world*). A translation that I ended up rejecting was of a poem starting: *Nie wiem kim jestem. / Wiem kim nie jestem nie / jestem sobą*, meaning "I do not know who I am. / I know who I am not / I am not myself", but in Polish both "not"s can stay on the same line, leaving *jestem sobą*, "I am […] myself", on a single line and thus providing ambiguity.

Dąbrowski does not use rhyme very much, so when he does it stands out. Rather than forcing a rhyme, sometimes I have managed to retain it by shifting it slightly, for example in "The fourfold," where lines 4–5 feature an internal rhyme: *natrętnie bębni w skroń, szuka / pionu*; instead I relied on a neighboring word for the rhyme: *insistently drums on the brow, seeking / the plumb-line*. Or I have altered the literal meaning to make a rhyme, as in lines 8–9, *… robaki / niebanalnie udają ptaki …*, where *robaki*, or maggots, have become weevils, and *ptaki*, or birds, have become seagulls (my excuse is that Dąbrowski lives on the Baltic coast), which at least gives some assonance.

Another feature of Dąbrowski's style is repetition of root words. Sometimes these repetitions can be kept, or else moved to other words in the same line. For instance, in the third verse of "Timeless love poem" there are five words derived from the verb *iść/chodzić*, "to go (on foot)," but that root cannot be retained in English for all five. In "It's the church fête . . . ," line 8: . . . *udają, że nie patrzą, dają się opływać* I cheated by replacing a repeated root with a rhyme as an alternative way of providing emphasis: . . . *pretend they're not looking, surrender to the flow*. In the case of "Soirée", where the poet describes poems that are *wyciskane wypisanym piórem w czystym czystym /zeszycie* (*ingrained with a drained pen on a clean, plain / notepad*), I eventually chose not to keep the repetition of the word *czysty*. Its basic meaning is "clean", "pure", and together with *zeszyt*, meaning "exercise book", it means "blank". Repetition of either "blank", "pure" or "clean" would not provide the right meanings.

Dąbrowski quite often uses impersonal forms in his work, for a deliberate distancing effect. Impersonal forms are more common and familiar in Polish than in English, and in places I have changed them to a general "you" or a more personal "we". However, another translation that I rejected was of "widziało się mniej i więcej" ("it was seen more or less"), a poem which repeatedly uses the impersonal. It is also full of echoes created partly by these recurring verb forms, creating an eerie resonance that I found hard to capture in English without losing too much of the poem's sense.

The feature of Dąbrowski's poetry that slips through the cracks most in translation, however, is double meaning, or just the hint of it. This happens in "The Meadow", where the Polish word for a meadow, *łąka*, also suggests *łączyć*, joining or coupling. In "shelves" (not included in this selection) I attempted to retain some of the double sense of the Polish verb *urządzić się*, which means to furnish or arrange (a room), but also colloquially to get oneself into trouble; I went for "get set up", but it may not be ideal. I put aside my translations of several other poems where puns that were crucial to the poem seemed impossible to convey: for instance "Zwierzenia chłopca z onkologii" ("Confessions of a boy from the cancer ward"), where the double meaning of *rak*—either "crab" or "cancer"—is exploited. Another poem I excluded, "Kopenhaga", depends on a pun based on the Polish names for books of the Bible: the narrator buys a cheap copy in a church in Copenhagen, but then . . . *po wyściu zauważyłam / że nie ma księgi wyjścia . . .* ". . . after exiting I noticed / there was no Book of Exodus . . ." (this one almost works), and later that: *. . . apokalipsa jest na początku . . .* ". . . Revelations was at the start . . .". The Polish *apokalipsa* has far more impact than "Revelations".

Dąbrowski makes occasional references to other Polish poets, in particular to Tadeusz Różewicz, which only specialized English-language readers are likely to notice. For instance, in "Love was not long lasting" he writes: *Today I was informed / that I am not loved. / I survived. What next? / I am nineteen.* This refers directly to Różewicz's moving poem about surviving the horrors of war, "The Survivor", which starts *I am twenty-four / led to slaughter / I survived* (as translated by Adam Czerniawski). In "i believe all round the clock," a citation of Różewicz's poem "I don't believe" appears at the beginning.

In this selection of poems, the Polish language presented its usual crop of words that don't have elegant equivalents in English. In "My mom asked after your death . . ." English offered a neat solution for the Polish idiom *chwycić się [czegoś] jak brzytwy*—literally "to grab hold of [something] like a razor"; i.e., to clutch at straws—in the idiom "to grasp at nettles." Polish gained a point over English in "I carried you unintentionally in my arms . . . ," where the narrator is trying to shield the olfactory evidence of his sexual activities by spraying his sheets with his mother's perfume, which turns out to smell of that most sinful of fruits, the apple. The Polish name for a perfume with an apple scent used here is *jabłuszko*, a diminutive form of the word for apple, which adds an ironical touch of innocence; unfortunately in English scent "flavor names" are not based on diminutives, so I was limited to "apple".

Another word that is difficult to translate elegantly is *milczenie*, meaning not just silence, but "not talking", "keeping quiet". In the poem "There is no love greater than silence" I toyed with using "reticence", but it doesn't have quite the same meaning as "not saying anything". Because of the subtlety of the verb *milczeć*, I chose not to translate a poem that starts *Trawa – mogłaby krakać, a szumi – milczy* ("The grass could caw, but it rustles – it keeps silent / says nothing"), in which all lines except the last one end with *milczeć*. Another poem I left out starts by criticizing poetry editors as follows: *Znowu zrobili błędy w moich wierszach, / znów nie zauważyli, ze bezbłędne są*, meaning: "They've made mistakes in my poems again, / they've failed to notice they're faultless." In Polish, *błędy*, "mistakes", reappears in *bezbłędne*, "faultless", but English doesn't use "mistake", "error" or "fault" in the same way.

Finally I would like to thank our editor, Bill Martin, for selecting the poems so carefully and for showing me excellent ways to improve my translations. Thanks also to Zephyr Press for accepting this book for publication. Thank you very much for their encouragement to all the poetry editors at various journals who have already published some of my translations. And most of all thank you to Tadeusz Dąbrowski, whose finely tuned instincts about his own poems have often enhanced my English.

Nelson, New Zealand, January 2011

Born in 1979, Tadeusz Dąbrowski is a Polish poet, essayist, and critic. He has published five volumes of poetry in Polish: *wypieki* (blushes, 1999), *e-mail* (2000), *mazurek* (2002), *Te Deum* (2005, 2008), and *Czarny kwadrat* (Black Square, 2009), which was nominated for Poland's top literary prize, the Nike award). He is editor of the bimonthly literary magazine *Topos*. Widely published in journals in Poland and abroad, Dąbrowski's poetry has been translated into twenty languages. In 2010 a selection of his poetry entitled *Schwarzes Quadrat auf schwarzem Grund* was published in German translation. He is the recipient of the 2009 Kościelski award, the 2008 Hubert Burda Prize and the 2006 Foundation for Polish Culture prize, which was selected by Tadeusz Różewicz. During his work on this book the author was supported by a grant from the Polish Ministry of Culture. He lives in Gdańsk.

Antonia Lloyd-Jones has translated fiction by Jarosław Iwaszkiewicz and Paweł Huelle, reportage by Wojciech Jagielski and Wojciech Tochman, and non-fiction by Ryszard Kapuściński, among others, as well as poetry in periodicals and anthologies. Recipient of the 2009 Found in Translation Award for her translation of Paweł Huelle's *The Last Supper*, she lives in London.